MINISTÈRE DE LA GUERRE

INSTRUCTION

DU 31 OCTOBRE 1899

SUR

LE SERVICE ET L'ENTRETIEN

DU

HARNACHEMENT

DANS LES

ÉTABLISSEMENTS DU GÉNIE

(Extrait du *Journal militaire*, 2ᵉ semestre 1899, n° 32.)

PARIS

LIBRAIRIE MILITAIRE R. CHAPELOT ET Cᵉ

IMPRIMEURS-ÉDITEURS

SUCCESSEURS DE L. BAUDOIN

30, Rue et Passage Dauphine, 30

1900

INSTRUCTION

DU 31 OCTOBRE 1899

sur

LE SERVICE ET L'ENTRETIEN DU HARNACHEMENT

DANS LES ÉTABLISSEMENTS DU GÉNIE

TITRE PREMIER.

COMPOSITION ET CLASSIFICATION DU HARNACHEMENT.

Composition du harnachement.

Art. 1er. Le harnachement du génie comprend :

1° Tous les effets de harnachement qui sont décrits dans les tables de construction approuvées par le Ministre de la guerre. ainsi que dans les documents portant addition ou rectification à ces tables :

2° Tous les effets de harnachement qui peuvent être mis en service dans les corps, soit d'après les dispositions du présent règlement, soit en vertu d'une décision ministérielle spéciale.

Modèles-types. — Tables de construction.

Art. 2. La chefferie du matériel de guerre devra posséder deux modèles-types (1) de chacun des effets décrits dans les tables de construction : l'un sera déposé dans la salle des modèles de cet établissement ; l'autre chez le fournisseur de harnachement.

En outre, chaque Ecole du génie devra être pourvue d'un modèle-type (1) de chacun des effets qu'elle a en magasin, ainsi que d'un certain nombre d'exemplaires du présent règlement et des tables de construction du harnachement.

Les modèles-types sont expédiés sur la demande faite par les établissements.

---

(1) Les modèles-types seront distingués par la marque **M. T.** placée au-dessus de la marque de réception.

Cette demande est établie sur le modèle des demandes ordinaires de harnachement et adressée au Ministre.

Elle n'est pas nécessaire pour les modèles-types d'effets de nouvelle création, ces modèles étant envoyés dans les établissements aussitôt après l'adoption des effets correspondants.

Innovations interdites.

Art. 3. Il est expressément défendu d'apporter la moindre innovation ou modification dans le harnachement, tel qu'il est déterminé par les tables de construction, par les modèles-types ou par les instructions ministérielles.

Classification du harnachement.

Art. 4. Les approvisionnements du service de harnachement se divisent en :

1° Approvisionnement de l'Etat ;

2° Approvisionnement des corps ;

3° Approvisionnement des unités administratives.

Le décret du 9 janvier 1896, portant règlement sur le service du harnachement dans les corps de troupe, détermine la manière dont sont constitués ces divers approvisionnements.

L'approvisionnement de l'Etat est constitué : 1° par la réserve de guerre, en matériel de harnachement et de ferrure, entretenu d'une manière permanente en vue de la mobilisation, et 2° par le harnachement disponible. (Décret du 9 janvier 1896, art. 11, 12 et 15.)

Le harnachement de réserve est, en principe, mis en dépôt dans les établissements du génie. Il peut toutefois, dans certaines circonstances, être tenu en dépôt dans les corps (1).

Il comprend : le harnachement préparé pour compléter ou pour constituer l'approvisionnement des troupes au moment de la mobilisation ; le harnachement préparé pour les besoins de la défense des places, et, d'une manière générale, tous les effets de harnachement qui ont une affectation en cas de mobilisation.

Le harnachement disponible comprend :

1° Le harnachement de la réserve de guerre qui n'a pas d'affectation spéciale de mobilisation ;

2° Le harnachement déclassé et proposé pour le service des corps de troupe à la suite des inspections générales.

Les effets qui en font partie sont susceptibles d'être utilisés en

---

(1) Les corps chargés de tenir en dépôt des lots de harnachement de réserve reçoivent pour l'entretien de ce harnachement, une prime annuelle dont le taux est déterminé par le Ministre.

Cette prime est remboursée au corps par l'établissement du génie le plus voisin, qui établit à cet effet et adresse au Ministre un état de prévision spécial.

temps de paix pour la collection n° 2 des corps, et sont désignés sous le nom d'effets de paix ; ils portent comme marque spéciale le chiffre II. Cette catégorie pourra comporter des effets des modèles anciens ou étrangers, et des effets défectueux ou plus ou moins usés.

TITRE II.

SERVICE DANS LES ÉTABLISSEMENTS.

CHAPITRE Ier.

DISPOSITIONS GÉNÉRALES.

Conservation de l'approvisionnement de l'État.

Art. 5. Le harnachement constituant l'approvisionnement de l'État est, en général, conservé dans les écoles du génie qui se trouvent à proximité de la troupe à laquelle le harnachement est destiné.

A défaut d'une école, le service local du génie est chargé de la conservation de ces approvisionnements.

Description du harnachement.

Art. 6. Les tableaux A et B, joints au présent règlement, donnent la composition des effets de harnachement, les dimensions principales des pièces qui constituent ces effets, et la composition des harnachements complets des chevaux et des mulets du génie.

Marquage des effets de harnachement.

Art. 7. Des instructions ministérielles spéciales déterminent les marques à apposer sur les différents effets de harnachement.

Tenue des magasins de harnachement.

Art. 8. Les magasins de harnachement doivent être tenus dans le plus grand état de propreté ; la conservation des cuirs dépend de cette condition.

Les magasins doivent être secs, mais, autant que possible, à l'abri d'une chaleur et d'un froid excessifs. Le cuir, exposé directement et en permanence aux rayons solaires, se desséchant rapidement, on devra, lorsque cela sera nécessaire pour le soustraire à cette influence, garnir les fenêtres de volets, ou de rideaux en serge verte.

L'aérage est utile lorsqu'il y a lieu de chasser l'humidité ; mais, en général, il est avantageux de tenir les magasins clos, pour éviter l'introduction de la poussière et des germes des sectes.

La disposition des effets dans le magasin est différente suivant que le harnachement appartient à la réserve de guerre ou au service courant ; elle est indiquée dans les chapitres qui suivent. En général, on doit éviter que les cuirs se touchent entre eux et que les cuirs ou les fers touchent les murs.

Les opérations de nettoyage, de graissage et de réparations doivent se faire dans des locaux distincts des magasins.

Visites et soins généraux d'entretien des effets de harnachement.

Art. 9. Le harnachement conservé dans les établissements est visité une fois par an ; il doit l'être plus fréquemment lorsque cela paraît nécessaire pour assurer sa conservation. A chaque visite, toutes les parties en cuir ou en tissu et les cordages sont brossés, les panneaux des selles et des bâts sont battus et brossés, les manches des fouets sont éprouvés par la flexion en divers sens, puis essuyés avec un linge légèrement graissé. Ces opérations sont effectuées, autant que possible, en plein air et toujours en dehors des magasins ; on doit, surtout, éviter le retour de la poussière dans les magasins.

Les cuirs sont graissés une fois par an, conformément aux indications contenues dans l'instruction annexée au présent règlement. Toutefois, les cuirs neufs ne sont, en général, graissés pour la première fois qu'après trois ans de séjour dans les magasins. (Annexe nº 1.)

Des graissages plus fréquents ont lieu, sur une partie ou sur la totalité du harnachement, toutes les fois que l'état de sécheresse du cuir résultant de la chaleur, du froid ou de toute autre cause, rend cette opération nécessaire.

Les ferrures non vernies sont graissées au moins une fois par an ; en outre, à chaque visite, celles qui présentent des traces de rouille sont nettoyées et graissées. Le graissage peut se faire avec la graisse d'armes, ou avec la graisse Dubbing ou avec l'huile de pied de bœuf.

Les rallonges de traits et les traits de poitrail sont, s'il est nécessaire, enduits de nouveau d'huile lourde (1).

Enfin les réparations dont la nécessité aurait été constatée dans la visite, et notamment la réfection des coutures en mauvais état et le remplacement des cuirs détériorés, doivent être exécutés immédiatement.

---

(1) Voir la note relative à l'emploi de l'huile lourde, pour assurer la conservation des rallonges de traits et des traits de poitrail, jointe au présent règlement (annexe nº 4).

Il n'est pas fourni au Ministre de rapport sur les opérations de graissage du harnachement.

Conservation des couvertures.

Art. 10. Les magasins affectés à la conservation des couvertures sont en général distincts de ceux qui contiennent les autres effets de harnachement, mais ils peuvent recevoir tous les menus objets qui se prêtent à la disposition en piles ou en paquets, tels que les bissacs et les musettes-mangeoires.

Les chefs des établissements devront prendre des mesures pour préserver les couvertures de l'atteinte des insectes. Ils restent libres de faire usage, à cet effet, des moyens simples et économiques dont l'efficacité aurait été précédemment constatée ; mais les procédés suivants sont spécialement recommandés :

1er *procédé*. — Les couvertures sont battues, autant que possible, après l'éclosion des œufs des insectes, c'est-à-dire au moment des premières chaleurs. Elles sont ensuite rangées par couches superposées et fortement serrées dans des caisses à parois pleines ; elles sont aspergées d'essence de térébenthine, de cinq en cinq couches, et les parois du récipient ont dû être préalablement enduites d'une couche du même liquide appliquée au pinceau (à défaut de caisses, on emploie des chapes de baril de 100 kilogr. dans lesquelles les couvertures sont roulées).

Les caisses sont ensuite fermées aussi hermétiquement que possible et placées dans un magasin sec, sombre et peu aéré, dans lequel on pénètre rarement. L'odeur de l'essence se répand dans le magasin et y persiste, ce qui donne une double garantie contre l'invasion des mites. On renouvelle les aspersions assez souvent pour que l'odeur reste sensible jusqu'à l'opération suivante ; en général, deux aspersions par an suffisent.

On peut encore, au lieu d'asperger les couvertures d'essence de térébenthine, introduire entre chaque pli un papier imbibé de ce liquide.

2e *procédé*. — Les couvertures sont placées, étendues les unes sur les autres, de manière à ne former aucun pli : on les saupoudre de 5 en 5 avec de la naphtaline ou de la poudre de pyrèthre. A défaut de ces substances on peut employer le poivre et le camphre.

Les piles sont assez espacées pour que l'on puisse battre les côtés une fois par semaine pendant les grandes chaleurs.

Un ruban blanc, sortant sur le côté, sépare chaque série de 50 couvertures, pour faciliter les recensements.

Avant le placement des couvertures, les planchers sont aspergés d'acide phénique et d'essence de térébenthine ; ils sont arrosés avec de l'acide phénique une fois par semaine en été.

3e *procédé*. — Le battage peut constituer à lui seul un moyen de préservation efficace. Cette opération doit être renouvelée assez souvent, principalement à l'époque qui suit l'éclosion des œufs ; à ce moment, elle doit avoir lieu au moins une fois par mois.

Les couvertures sont étendues sur des cordes en plein air, loin du magasin ; elles sont battues des deux côtés avec des verges flexibles. Il faut éviter de les déposer ensuite sous le vent des ateliers de battage.

Elles sont visitées avec le plus grand soin ; celles qui présentent des piqûres d'insectes sont mises à part ; elles sont battues fréquemment ou traitées par un ingrédient spécial, tel que l'essence de térébenthine.

Dans les magasins, les piles de couvertures sont établies sur des planchers exhaussés à 0m,30 au moins au-dessus du sol ; elles ne présentent aucun pli débordant sur les côtés ; quand les circonstances ne permettent pas de battre les couvertures séparément, on bat fréquemment les côtés de chaque pile ; la conservation est mieux assurée lorsque les couvertures des piles sont comprimées entre deux plateaux au moyen de cordes.

Les piles peuvent être recouvertes d'une toile imbibée du mélange suivant : perchlorure de mercure, 48 grammes; alcool rectifié, 160 grammes ; camphre, 8 grammes ; essence de térébenthine, 8 grammes ; eau pure, 5 litres.

D'une manière générale, on évitera de réunir ensemble des couvertures neuves et des couvertures ayant déjà été mises en service.

Conservation des panneaux de selle et de sellette (1).

Art. 11. Les panneaux des selles et des sellettes doivent être battus avec soin au moment des premières chaleurs, et toutes les fois que l'apparition des mites indique une nouvelle génération d'insectes.

On détruit facilement les larves en exposant les panneaux au soleil pendant les fortes chaleurs de l'été. Pour détruire complètement les insectes et purger les panneaux qui en seraient par trop infestés, il convient de vider les panneaux, faire tremper le crin, 10 minutes environ, dans l'eau bouillante, le faire sécher et le nettoyer en le remaniant. La toile des panneaux est lavée. On remonte ensuite les panneaux en ajoutant une certaine quantité de crin neuf pour parer aux déchets (2).

---

(1) Voir la note relative aux soins spéciaux que nécessitent les selles approvisionnées pour les chevaux d'officiers (annexe n° 5).

(2) Un moyen très efficace de débarrasser le harnachement et les salles qui le contiennent des mites et papillons, consiste à les soumettre à des fumigations d'acide sulfureux, produit par la combustion du sulfure de carbone au moyen du brûleur Chiandi, conformément aux prescriptions de la note jointe à la présente instruction.

Toutefois l'emploi du sulfure de carbone, comme agent direct de destruction des

Entretien du harnachement.

Art. 12. Quand, dans une même place, il existe plusieurs écoles ou établissements détenteurs de harnachement du génie, le Ministre peut désigner un de ces établissements qui aura à assurer la conservation et l'entretien de la totalité du harnachement.

D'une manière générale, l'entretien du harnachement est confié à un ouvrier civil, bourrelier de profession, qui est aidé, chaque fois qu'il est nécessaire, par des ouvriers militaires mis à sa disposition pour les opérations de nettoyage et de graissage des harnais.

Déclassement et réforme.

Art. 13. Les harnais conservés dans les magasins ne peuvent être réformés ou déclassés que dans des circonstances exceptionnelles, et seulement par décision du Ministre, sur la proposition de l'inspecteur général.

L'inspecteur général propose pour la réforme les effets de harnachement qu'il juge absolument hors de service.

Il propose également, pour le classement au service de paix, les effets de harnachement reconnus impropres au service de guerre, mais qui paraissent cependant susceptibles d'être utilisés dans le service courant, conformément aux prescriptions de l'article 4 de la présente instruction et de l'instruction sur les inspections générales.

Le Ministre, en prononçant la réforme, ordonne, s'il y a lieu, la remise aux domaines des effets hors de service, après qu'on en a retiré les parties soit en fer, soit en cuivre ou en cordages, reconnues propres à servir aux réparations.

CHAPITRE II.

CONSERVATION DU HARNACHEMENT DE LA RÉSERVE DE GUERRE.

Placement des effets dans les magasins.

Art. 14. Les magasins doivent être, autant que possible, garnis de râteliers composés de plusieurs rangées de bras superposés; les rangées supérieures sont habituellement plus espacées que les autres.

Bien que les différentes parties du harnachement doivent être

---

insectes, est interdit, parce que la présence de cette substance dans les magasins constitue un danger permanent d'incendie, et aussi parce que sa vapeur exerce une action nuisible sur les hommes.

Il est interdit également de produire l'acide sulfureux par la combustion directe du soufre dans un récipient quelconque.

montées, comme il est dit ci-après, on évitera d'engager les courroies dans les boucles et dans les passants, tant que cela ne sera pas nécessaire pour que les divers éléments d'un même effet se trouvent reliés les uns aux autres.

Les harnais d'attelage sont conservés montés avec leurs traits troussés. Ils occupent les bras les plus élevés des râteliers.

Les selles portent leurs sacoches, étriers, courroies et, s'il y a lieu, leur poitrail ; elles sont placées de préférence sur les bras inférieurs des râteliers.

Les garnitures de tête sont montées et pourvues de tous leurs accessoires y compris les mors. Elles sont accrochées aux extrémités des bras, celles des chevaux de selle et de porteur en avant des selles correspondantes, et les autres, en avant des harnais avec lesquels elles doivent marcher (1). Lorsque la garniture de tête comprend une guide de main, cette pièce est ployée à la longueur de la bride et accrochée avec elle. Dans le harnachement pour la conduite en guides à deux chevaux, le panneau de porteur accompagne l'un des harnais, dit harnais de porteur ; la guide de main et le fouet accompagnent la bride afférente à l'autre harnais qui est dit harnais de sous-verge. Dans tous les cas, le fouet est suspendu à la même cheville que la garniture de tête avec laquelle il doit marcher.

Autant que possible, les harnais destinés à l'attelage d'une même voiture sont placés sur une même rangée verticale de bras de râteliers.

Les bâts sont séparés de leurs harnais et disposés en piles ou pyramides formées de plusieurs couches. Les bâts d'une même couche se touchent par les extrémités des arcades ; ils sont placés tête-bêche, c'est-à-dire que les arcades de devant sont tournées alternativement d'un côté et de l'autre. Dans la couche inférieure, les extrémités des arcades reposent sur le sol ; dans les autres couches, elles reposent, deux à deux, sur les sommets des arcades de la couche immédiatement inférieure, de sorte que le nombre des bâts diminue d'une unité d'une couche à l'autre, à mesure que la pile s'élève.

On peut également organiser les piles comme il suit :

Placer sur les arcades des bâts de la couche inférieure une double rangée de lattes réunies par des traverses, puis, sur les lattes, une nouvelle couche de bâts, et continuer ainsi.

Cet empilage est plus solide et tient moins de place que le précédent, parce que les couches supérieures renferment le même nombre de bâts que la couche inférieure.

Les harnais de bâts sont placés sur des bras porte-harnais ; les

---

(1) Lorsque les bras ne peuvent recevoir à la fois les selles ou harnais et les garnitures de tête correspondantes, on pourra accrocher celles-ci à des chevilles spéciales, si les râteliers en comportent ; mais la disposition qui consiste à réunir sur un même bras les effets destinés à un même cheval doit être préférée à toute autre.

garnitures de tête correspondantes sont suspendues aux extrémités des bras.

Les couvertures sont conservées comme il est dit au chapitre précédent.

Les bissacs, les musettes-mangeoires et les surfaix de couvertures sont paquetés ensemble, sur chaque selle, en forme de portemanteau, ou réunis en paquets étiquetés.

Il y a lieu d'éviter que les cordages récemment imprégnés d'huile lourde soient en contact avec les cuirs, qu'ils tacheraient.

Constitution des lots du harnachement de réserve.

Art. 15. Le harnachement de la réserve de guerre est divisé en autant de lots qu'il doit y avoir de parties prenantes au moment de la mobilisation.

Les lots destinés aux unités mobilisées comprennent la totalité du harnachement nécessaire à ces unités; chacun de ces divers lots comprend, en sus, des parties de harnais de différentes tailles, constituées en plus des approvisionnements, conformément aux instructions ministérielles (voir plus loin article 22).

Ces divers lots sont distingués les uns des autres par des étiquettes, et, autant que possible, nettement séparés. Il doit y avoir une étiquette au moins à chaque travée du magasin des harnais, et à chaque pile, caisse ou paquet contenant les objets séparés des harnais, tels que couvertures, bissacs, surfaix de couvertures, etc.

Les étiquettes, indépendamment de l'énumération sommaire des objets contenus dans la travée, la pile, le paquet ou la caisse, portent toujours la désignation de la compagnie ou de la formation à laquelle le harnachement est affecté.

Ces règles sont applicables aux unités et formations diverses de l'armée territoriale.

Ferrures de réserve.

Art. 16. L'approvisionnement des fers, clous et crampons à glace qui est constitué dans les magasins du harnachement de réserve a pour objet :

1º De permettre de ferrer tous les chevaux et mulets en donnant à chacun de ces animaux une ferrure complète, si cela est nécessaire ;

2º De pourvoir chacun de ces animaux de la ferrure de réserve qui doit être emportée en campagne, dans le paquetage et sur les voitures, savoir : une ferrure, 40 clous et 32 crampons, pour toutes les unités du génie.

Cet approvisionnement comprend, en conséquence, pour chacun des animaux à provenir de la réquisition : deux ferrures, 80 clous et 32 crampons dans les unités du génie. Il est constitué avec des fers de pointures appropriées aux chevaux ou mulets fournis par la réquisition (voir l'article 22).

Les ferrures de réserve nécessaires aux animaux de l'effectif de paix sont constituées et entretenues dans les corps de troupe par les maréchaux ferrants abonnataires et aux frais de ces derniers (1).

Chaque collection de quatre fers, formant la ferrure d'un cheval, est réunie par un fil de fer recuit de 1^mm environ de diamètre : les fers et les crampons sont recouverts d'une couche mince de pétrole ; les clous (clous blancs) ne sont, en général, recouverts d'aucune préparation (2). (Notes ministérielles des 14 août 1886 et 17 juillet 1894.)

Les ferrures sont réparties en lots comme les objets de harnachement. Les lots étiquetés sont conservés dans des caisses irrégulières ou dans des chapes de barils à poudre. Les clous sont placés dans des caisses ou tonneaux de petites dimensions ; ils sont lotis par paquets contenant des clous de même numéro.

Clefs pour crampons à glace de réserve.

Art. 17. Les établissements entretiennent, en outre, un approvisionnement de clefs pour crampons à glace, qui est constitué à raison de une clef à pointe (modèle A) par harnais à un cheval, par harnais de mulet et par paire de harnais à deux chevaux, et une clef à taraud (modèle B) par harnachement de selle, en dépôt dans les magasins, au titre de la réserve de guerre. (Note du 27 octobre 1896.)

Collections d'outils pour les maréchaux ferrants.

Art. 18. Il est également constitué, dans les magasins de harnachement de la réserve de guerre, un approvisionnement de collections d'outils destinés aux maîtres maréchaux ferrants de la réserve et de l'armée territoriale et à chacun de leurs aides montés et non montés.

Chaque collection comprend un boutoir, un brochoir, un rogne-pied, une râpe, un repoussoir et une paire de tricoises.

Pour chacun des aides montés, la collection d'outils est renfermée dans une sacoche double en cuir (3).

Le remboursement de ces outils, y compris, s'il y a lieu, celui

---

(1) Toutefois, les clous et les crampons à glace nécessaires pour la constitution de ces approvisionnements sont délivrés aux corps de troupe, à charge de remboursement, par les établissements chargés de l'entretien des ferrures de réserve, conformément aux prescriptions de l'article 27 de la présente instruction.

(2) Voir à ce sujet la note jointe au présent règlement (annexe n° 2).

(3) Les collections d'outils des aides non montés seront portées, en campagne, dans les coffres d'avant-train de la forge.

des doubles sacoches qui les renferment, sera effectué aux prix de la nomenclature ; il aura lieu par retenues mensuelles sur les sommes dues à chaque maréchal abonnataire, retenues dont le montant sera versé au Trésor pour faire retour au budget particulier du génie.

Visite et renouvellement des ferrures de réserve.

Art. 19. Dans les écoles attachées aux régiments, cette visite est faite par les soins d'une commission, nommée par le colonel et composée d'officiers de l'école, de la compagnie de sapeurs-conducteurs et du vétérinaire du régiment.

Dans les bataillons détachés, les compagnies isolées et les établissements, le même soin incombe au personnel de ces unités ou du service local du génie, assisté d'un vétérinaire désigné par le commandant d'armes.

Les clous qui, à la suite de cette visite, seront signalés comme présentant des traces d'oxydation bien caractérisées, ou seront jugés insuffisants au point de vue de la confection, devront être mis en service et remplacés.

La même mesure sera applicable aux fers et crampons lorsque l'oxydation sera trop profonde pour qu'ils ne puissent plus être considérés comme aptes à faire un bon service de guerre.

Les clous, crampons et fers sont remplacés par les soins de la chefferie du matériel de guerre sur demande spéciale adressée au Ministre (4e direction).

En principe, et sauf décision spéciale du Ministre, cet échange de fers entre les écoles, les établissements et les corps ne donne lieu à aucune indemnité pour ceux-ci. (Notes ministérielles du 1er avril 1887 et du 17 juillet 1894.)

Dans tous les cas, le nombre de ferrures de réserve à mettre en service, et par suite le nombre de ferrures de remplacement à livrer par les corps, ne doit pas excéder la consommation annuelle de ces derniers.

Dispositions à suivre en cas de mobilisation.

Art. 20. Au moment de la mobilisation, l'officier commandant chaque unité mobilisée prend possession de l'approvisionnement qui lui est réservé et il remet au maréchal abonnataire les fers, les clous et, s'il y a lieu, les crampons nécessaires pour ferrer les chevaux de réquisition qui arrivent avec une ferrure insuffisante. Si le travail n'a pas pu être terminé avant le départ, il est continué pendant les premiers jours de marche.

Ces ferrures sont fournies gratuitement au maréchal, qui doit assurer la main-d'œuvre en prenant au besoin des ouvriers civils, sans rétribution autre que la prime d'abonnement.

Les autres ferrures sont prises en charge par l'officier commandant, qui les délivrera au maréchal, au fur et à mesure des besoins, en faisant retenue de leur valeur au prix de la nomenclature.

Harnachements spéciaux pour chevaux d'officier.

Art. 21. Les magasins du harnachement de réserve contiennent encore des harnachements spéciaux pour officier, destinés à être délivrés contre remboursement aux lieutenants, sous-lieutenants non montés en temps de paix, aux adjoints du génie, aux officiers de réserve et aux officiers de l'armée territoriale, ainsi qu'aux médecins et aux vétérinaires qui en font la demande.

Ces harnachements sont du modèle réglementaire, leur nombre est fixé par le Ministre : ils forment des lots spéciaux et sont délivrés à titre remboursable, en cas de mobilisation.

Le remboursement aura lieu par voie de versement au Trésor, dont le récépissé devra être remis à l'établissement détenteur.

Pour les régiments, ce versement pourra être fait collectivement par les soins du capitaine trésorier.

Pour servir de base au remboursement, à la mobilisation, des harnachements de cette espèce qui auraient été employés en temps de paix dans les corps de troupe, conformément aux ordres ministériels, pour l'instruction des officiers non montés, il devra être procédé tous les ans, dans le courant du mois de décembre, par une commission composée du major, du capitaine commandant la compagnie de sapeurs-conducteurs et d'un officier de l'école, au classement des harnachements dont il s'agit. (Dépêche ministérielle du 6 septembre 1887.)

Proportion à établir entre les harnais des diverses tailles.

Art. 22. D'après les indications des tables de construction du harnachement, certains effets sont confectionnés sur plusieurs tailles ; ce sont : les mors de bride de porteur, la gourmette, le collier d'attache, la selle, la croupière, la sangle, la bricole, le dessus de cou, la sous-ventrière, l'avaloire, la plate-longe, le panneau de porteur et la sellette de harnais de limonière.

Un type de harnais, pour chevaux de taille exceptionnelle, a été en outre établi pour le cas où le harnais ordinaire ne s'adapterait pas à certains chevaux de réquisition (1). Enfin, en combinant certaines pièces de ce type avec celles du modèle ordinaire, on peut constituer des harnais pour certains chevaux qui présentent une conformation particulière.

Les effets des diverses tailles, les harnais pour chevaux de taille exceptionnelle et les pièces détachées de ces harnais entrent dans le harnachement de la réserve de guerre suivant certaines proportions qui ont été déterminées, pour chaque corps d'armée,

---

(1) On a établi, pour le même objet, des courroies pour l'allongement des sangles de selle.

d'après la taille, les dimensions moyennes et la conformation des chevaux fournis par la réquisition.

Chaque année, les généraux commandant les corps d'armée adressent aux généraux commandant le génie les renseignements pris par les commissions de classement des chevaux sur les mesures des animaux susceptibles d'être requis, conformément aux instructions ministérielles spéciales (1).

D'après ces renseignements, les généraux commandant le génie prescrivent d'adresser, s'il y a lieu, au Ministre, des propositions pour faire modifier les proportions précitées.

Visites spéciales du harnachement de la réserve de guerre.

Art. 23. Indépendamment des visites prescrites à l'article 9, le harnachement de réserve est soumis aux visites périodiques du matériel qui sont passées par les capitaines commandant les unités auxquelles le harnachement est destiné, ou, à défaut de ces officiers, par des officiers désignés à cet effet par le général commandant le génie de la région.

Cette visite a pour but de faire constater si le matériel en général, et le harnachement en particulier, sont au complet et en bon état; les observations auxquelles elle donne lieu sont consignées pour chaque unité dans un procès-verbal dont le modèle est envoyé par le Ministre; ces divers procès-verbaux sont centralisés par le chef de l'établissement. Celui-ci adresse ensuite au Ministre, dans des états de modèle spécial, la demande des objets qui lui sont nécessaires pour exécuter les réparations et remplacements. Le général commandant le génie, en transmettant les états, adresse en même temps au Ministre un compte rendu très sommaire et sans détails des résultats de la visite du harnachement dans chacun des établissements du corps d'armée.

Le général commandant le génie prescrit, en outre, les mesures nécessaires pour l'exécution des réparations et remplacements que les établissements peuvent exécuter au moyen de leurs ressources disponibles.

Le Ministre fait connaître la suite à donner aux demandes et comptes rendus précités.

Les capitaines commandants, lorsqu'ils passent la visite du harnachement de réserve destiné à leur compagnie, se font assister par le personnel placé sous leurs ordres. Ils prennent des mesures afin que chaque officier ou sous-officier soit exactement renseigné sur l'emplacement qu'occupent dans les magasins les divers lots d'effets de harnachement afférents à sa compagnie. Pour assurer cette partie importante de l'instruction des troupes, le général commandant le génie du corps d'armée peut ordonne

---

(1) Instructions annuelles pour le classement des chevaux, juments, mulets, mules et voitures attelées susceptibles d'être requis pour le service de l'armée.

des visites supplémentaires, en dehors de celles qui sont prescrites par le Ministre ; il prend cette mesure spécialement toutes les fois qu'un changement de disposition a été effectué dans les magasins du harnachement de réserve.

Exercices de mobilisation.

Art. 24. Des exercices de mobilisation doivent être ordonnés par le général commandant le génie de la région, dans le but de s'assurer du bon état du harnachement et de familiariser les officiers, sous-officiers et sapeurs des corps de troupe, ainsi que le personnel des établissements, avec les mouvements qui seraient la conséquence d'une mobilisation véritable.

Ces exercices doivent être répartis entre les diverses unités de façon à vérifier chaque année un certain nombre de lots de harnachement de réserve. Toutefois, on ne doit pas employer le même lot plus d'une fois en quatre ans à ces exercices.

Afin d'éviter le plus possible la détérioration des effets de harnachement, il convient de choisir pour ces exercices l'époque de l'année la plus favorable ; de plus, on ne mettra pas en service les couvertures, surfaix, musettes-mangeoires, étuis porte-avoine, ferrures, clous et crampons ; enfin on n'emploiera jamais le harnachement de réserve pour les épreuves de roulement, pour les exercices de mobilisation comprenant en même temps un embarquement en chemin de fer.

Les corps de troupe doivent nettoyer avec le plus grand soin le harnachement qui a servi à ces exercices.

Avant d'être réintégré en magasin, ce harnachement est visité contradictoirement par des délégués des corps de troupe et de l'établissement. Le montant des pertes et dégradations constatées au cours de cette visite, ainsi que des frais complémentaires de nettoyage, au cas où ce dernier n'aurait pas été jugé suffisant, est imputé à la masse de harnachement du corps ; celui-ci doit verser immédiatement au Trésor, pour faire retour au budget du génie, le montant des imputations ainsi prononcées.

Dans le cas où la responsabilité du corps ne paraîtrait pas devoir être définitivement engagée, le versement ci-dessus mentionné aura lieu néanmoins, sauf recours auprès du Ministre qui, après examen du rapport circonstancié établi par le corps intéressé, prononcera l'imputation à qui de droit.

Après chaque exercice, une corvée représentant un nombre déterminé de journées de travail est mise à la disposition du chef de l'établissement, sur sa demande, pour le graissage et la remise en magasin des effets employés (1).

---

(1) Les corps de troupe éprouvent quelquefois dans ces exercices certaines difficultés pour l'ajustage du harnachement. A ce sujet, il y a lieu de faire les observations suivantes :

1° En ce qui concerne les courroies, il est absolument interdit d'y faire, pendant ces

CHAPITRE III.

DISPOSITIONS PARTICULIÈRES CONCERNANT LE HARNACHEMENT DISPONIBLE.

Placement des effets dans les magasins.

Art. 25. Chacune des deux catégories du harnachement disponible, définies à l'article 4, doit constituer dans les magasins un lot distinct. Le harnachement de la 1re catégorie (réserve de guerre sans affectation) sera conservé tout monté. Celui de la 2e catégorie (harnachement déclassé) doit être démonté ; aucune partie ne doit rester bouclée ; aucune courroie ne doit être introduite dans les passants.

Les longues pièces de cuir (c'est-à-dire toutes celles dont la longueur est considérable relativement à la largeur) sont, autant que possible, suspendues verticalement, de manière que l'air circule librement entre elles ; on doit les secouer de temps en temps pour empêcher les vers de s'y établir. Ces pièces sont d'abord réunies par collections, au moyen d'une ficelle que l'on passe, soit dans un trou d'ardillon, soit dans la ferrure ou dans la boucle qui se trouve à l'une des extrémités de la pièce ; la ficelle sert d'attache pour suspendre la collection.

Si l'aménagement ou les dimensions du magasin ne se prêtent pas à la suspension verticale des pièces très longues, on dispose ces pièces horizontalement, mais on doit toujours éviter de les ployer.

En général, les pièces démontées doivent être réunies en col-

---

exercices, de nouveaux trous en sus de ceux qui sont fixés par les tables de construction. Il y a lieu de remarquer, en effet, que le harnachement de réserve étant destiné aux chevaux de réquisition et non à ceux qui sont employés en général pendant ces exercices, il n'y a pas intérêt à ce qu'il soit parfaitement ajusté sur ceux-ci.

Toutefois, s'il était absolument nécessaire de déroger à cette règle, il appartiendrait aux chefs de corps et aux chefs des établissements de provoquer des ordres à ce sujet, afin de faire exécuter la modification par des ouvriers exercés ;

2° En ce qui concerne les sangles et surfaix, qui semblent généralement trop courts tant que la selle n'a pas servi, il n'y aurait lieu de les faire allonger ou remplacer que si ce défaut persistait après un certain usage ;

3° En ce qui concerne les selles et les couvertures, on ne doit pas perdre de vue que pour fixer sur un cheval en bon état une selle récemment rembourrée et une couverture neuve, il faut commencer par faire monter un cavalier sur la selle. Alors seulement, la sangle neuve peut atteindre le contre-sanglon ; quelquefois il faut faire faire une première étape sans la couverture. Ces divers soins ne sauraient être négligés sans que l'on s'expose à pourvoir les selles de sangles trop longues ;

4° Il appartient aux généraux commandant le génie, ainsi qu'il a été dit à l'article 22 de la présente instruction, de proposer au Ministre, s'il y a lieu, des modifications dans la proportion des tailles à introduire dans les lots de réserve, d'après les renseignements qu'ils reçoivent chaque année des commissions de classement.

lections ou paquets de dix, afin que le dénombrement en soit facile. Les plates-longes, en raison de leur poids relativement considérable, sont réunies deux à deux seulement ; elles sont classées par taille.

Les selles sont placées séparément sur des bras porte-harnais ou sur des pièces de bois disposées pour remplir le même office ; elles restent habituellement garnies de leurs panneaux, mais elles sont dépourvues de toutes les autres parties mobiles. Les contre-sanglons de panneaux sont débouclés. Les selles doivent être assez espacées pour ne pas se toucher.

Les sellettes, les paires de sacoches et les panneaux de porteur sont disposés, comme les selles, sur des bras porte-harnais, sur des chevilles ou sur des pièces de bois analogues.

Les mors, les gourmettes, les étriers et toutes les ferrures qui ne sont pas fixées au harnachement sont conservés dans des caisses ou dans des armoires ; les mors sont classés par espèces et par tailles.

Les objets en tissu de sangle et les cordages sont, autant que possible, disposés verticalement. A défaut d'espace, les sangles et les surfaix de couverture peuvent être ployés et réunis en paquets ; les rallonges de traits, les traits de poitrail ou autres cordages peuvent être roulés.

Les bissacs et les musettes-mangeoires sont empilés ou suspendus aux chevilles.

En ce qui concerne les soins généraux d'entretien du harnachement et les soins particuliers pour la conservation des couvertures, on se reportera aux prescriptions des articles 9, 10 et 11 de la présente instruction.

TITRE III.

DISPOSITIONS PARTICULIÈRES CONCERNANT LA DÉLIVRANCE DU HARNACHEMENT AUX CORPS DE TROUPE.

Demandes des corps de troupe.

Art. 26. L'instruction sur l'application du décret portant règlement sur le service du harnachement dans les corps de troupe détermine les règles à suivre pour les demandes de harnachement faites par ces corps.

Le Ministre fait donner aux demandes la suite nécessaire ; il désigne les établissements chargés de délivrer aux corps les effets qui leur sont accordés.

Répartition d'office.

Art. 27. Dans certains cas, lorsque le Ministre juge nécessaire de faire sortir certains effets des établissements de l'Etat, il peut en arrêter d'office la répartition entre les corps de troupe désignés. (Instruction du 9 janvier 1896, art. 21.)

Il peut également prescrire que les corps de troupe devront recevoir des établissements de l'Etat les objets nécessaires pour effectuer certains remplacements, confections ou réparations qui leur incombent, soit à charge de remboursement, soit contre échange d'objets similaires (1). (Voir l'article 19.)

Délivrance des effets de harnachement.

Art. 28. Les corps sont tenus de prendre directement livraison du harnachement.

Les effets sont visités contradictoirement par l'officier d'habillement du corps et l'officier de l'établissement chargé du service du harnachement, ou, dans les bataillons détachés, par un commandant d'unité administrative, délégué. Ces officiers sont assistés d'un maître sellier ou d'un ouvrier bourrelier.

Les effets et objets expédiés par les magasins de l'Etat ayant déjà été reçus définitivement, les corps ne doivent pas procéder à une nouvelle réception. Ils peuvent seulement en référer au Ministre, dans les conditions prescrites par l'instruction du 9 janvier 1896, lorsqu'ils ont des observations à présenter sur la qualité, la confection ou les dimensions des matières, effets ou objets qui leur ont été délivrés, ou lorsque ceux-ci n'ont pas reçu toutes les modifications dont l'application immédiate a été prescrite jusqu'alors. (Instruction du 9 janvier 1896.)

Les pièces de comptabilité justifiant de la sortie des effets des magasins de l'établissement et de leur entrée dans ceux du corps, sont établies conformément à l'instruction pour l'application du règlement sur la comptabilité-matières.

Lorsque la livraison nécessite un transport, les effets sont visités à l'arrivée ; si les corps croient reconnaître des avaries ou des déficits, qui doivent être mis à la charge du comptable expéditeur ou de l'agent chargé du transport, il est procédé conformément au traité sur les transports généraux de la guerre et au règlement sur la comptabilité des matières appartenant au département de la guerre.

Dispositions concernant le renouvellement des effets du harnachement de réserve.

Art. 29. Les commandants des écoles ou les chefs des établissements, lorsqu'ils auront reçu l'ordre de délivrer des effets de harnachement aux corps de troupe, les prélèveront, en principe, sur le harnachement disponible.

---

(1) Les corps de troupe reçoivent ainsi des établissements, contre remboursement, les sangles de selle, surfaix de couverture, clous à ferrer, crampons à vis tronconique et clefs modèle A et modèle B qui leur sont nécessaires.

On assurera l'écoulement régulier du harnachement de la réserve de guerre dont la conservation pourrait être compromise par un trop long séjour en magasin, en proposant tous les ans à l'inspection générale, pour le service courant, les effets de plus ancienne fabrication qui présenteraient le moins de garantie de durée, ou ceux qui auraient subi des détériorations.

Traits de rechange portes par le matériel de guerre.

Art. 30. Toute voiture de mobilisation porte une paire de traits de rechange.

Afin d'assurer le renouvellement successif de ces effets, les chefs des établissements les feront échanger contre des traits retirés des harnais qu'il y aura lieu de délivrer aux corps.

En outre, les traits confectionnés par les ouvriers bourreliers, dans les cas prévus par le décret du 9 janvier 1896, seront, pour le même objet, remis par les corps aux chefs des établissements, qui délivreront en échange un nombre égal de traits prélevés sur les voitures.

Dans les deux cas, les traits remis aux corps de troupe seront choisis parmi les plus anciens. L'échange des traits ne donne droit, pour les corps, à aucune indemnité. Ceux-ci pourront seulement, s'il y a lieu, se conformer aux prescriptions énoncées ci-dessus à l'article 28.

Versement des effets dans les magasins de l'État.

Art. 31. En principe, les corps de troupe n'ont pas à verser des effets dans les magasins de l'Etat.

Si, par exception, le Ministre prescrit à un corps de troupe de verser des effets de harnachement dans un magasin de l'Etat, il donne à ce sujet les prescriptions de détail nécessaires. (Décret du 9 janvier 1896.)

TITRE IV.

DISPOSITIONS GÉNÉRALES.

Mise en vigueur du présent règlement.

Art. 32. Le présent règlement sera mis en vigueur à partir du 1er janvier 1900.

Abrogation des dispositions antérieures.

Art. 33. Toutes les dispositions antérieures relatives au service et à l'entretien du harnachement du génie dans les établissements de l'arme, autres que celles qui concernent la comptabilité, les tarifs et les tables de construction, sont et demeurent abrogées.

Paris, le 31 octobre 1899.

Le Ministre de la guerre,

Signé: GALLIFFET.

TABLEAU A.

Harnachement des chevaux du génie.

Iʳᵉ PARTIE. — COMPOSITION DES EFFETS DE HARNACHEMENT ET DIMENSIONS PRINCIPALES DES PIÈCES QUI ENTRENT DANS LA COMPOSITION DE CES EFFETS.

A) GARNITURES DE TÊTE.

DÉSIGNATION DES EFFETS.	NOMENCLATURE DES PIÈCES dont se compose chaque effet.	NOMBRE DE PIÈCES par bride			DIMENSIONS DES PIÈCES AFFÉRENTES AUX EFFETS				OBSERVATIONS.
		de porteur.	de sous-verge.	de harnais de conduite en guides et de harnais de limonière.	de taille exceptionnelle.	de 1ʳᵉ taille.	de 2ᵉ taille.	de 3ᵉ taille.	
1	2	3	4	5	6	7	8	9	10
Dessus de tête................		1	1	1	0,750 / 0,152 / 0,265	» / » / »	0,680 / 0,440 / 0,230	» / » / »	Longueur totale. / Longueur de chacune des fentes. / Distance entre les chapes de gourmette de rechange.
Frontal......		1	1	1	0,440	»	0,440	»	Longueur totlle.

Bride		Gourmettes	2	»	2	0,310	0,265	0,255	0,245	Longueur prise à l'intérieur des crochets.
		Longes bouclées modèle 1861	»	1	»	»	»	2,000	»	Longueur totale, non compris celle du porte-longe.
		Montants	2	2	2	»	»	0,410	»	Longueur totale.
	Mors	à barres	»	1	»	»	»	0,150	»	Distance d'axe en axe des barres.
		à branches courbées	1	»	»	0,135	0,126 à 0,130	0,121 à 0,125	0,115 à 0,120	Écartement intérieur des branches dans leurs parties parallèles.
		à branches droites	»	»	1	Comme le mors à branches courbées.				
		de filet	1	»	1	»	»	0,153	»	Distance d'axe en axe des trous extrêmes.
		Panurges enchapées	»	»	2	»	»	0,085	»	Longueur de l'enchapure.
	Rênes (paire de)	de bride de porteur	1	»	»	»	»	1,350	»	Longueur de chaque rêne, depuis la boucle jusqu'au bouton anglais.
		de bride de sous-verge	»	1	1	»	»	1,800 0,600	»	Longueur du grand côté. Longueur du petit côté.
		de filet	1	»	»	»	»	2,450	»	Distance d'une boucle à l'autre.
		Sous-gorge	1	1	1	0,550	»	0,450		Longueur totale.
Collier d'attache complet		Un collier	»	»	»	1,330	»	1,160	»	Id.
		Une longe en chaîne	»	»	»	»	»	1,280	»	Id.

B) PANNEAU DE PORTEUR ET SELLES GARNIS.

DÉSIGNATION DES EFFETS.	NOMENCLATURE DES PIÈCES dont se compose chaque effet.	NOMBRE DE PIÈCES par			DIMENSIONS DES PIÈCES AFFÉRENTES AUX EFFETS				OBSERVATIONS.
		panneau de porteur.	d'attelage.	de chevaux de selle.	de taille exceptionnelle.	de 1re taille.	de 2e taille.	de 3e taille.	
1	2	3	4	5	6	7	8	9	10
Selles.........	Arçon ferré et garni............	»	1	1	0,440	»	0,440	0,385	Écartement intérieur des pointes d'arcade.
	Courroies.. de manteau, grandes..	»	2	2	»	»	0,730	»	
	de portemanteau......	»	3	3	»	»	0,820	»	Longueur totale.
	d'intérieur de sacoches.	»	2	2	»	»	0,350	»	Id.
	de manteau, petites...	»	1	1	»	»	0,540	»	Id.
	Étriers, modèle 1892	»	2	2	»	»	0,136	»	Largeur maximum.
	Etrivières..................	»	2	2	»	»	1,420	»	Longueur totale.
	Panneaux de selles.............	»	2	2	»	»	»	»	Sont appropriés aux dimensions des selles.

Poitrail / Porte-sabre / etc.	Nomenclature								Observations
Poitrail... {	Corps de poitrail.....	»	»	1	»	»	1,700	»	Longueur totale.
	Contre-sanglons de montants de poitrail.	»	»	2	»	»	0,550	»	Id.
	Traits avec mailles....	»	»	2	»	»	2,900	»	Longueur du cordage.
Porte-sabre. {	Courroie............	»	1	1	»	»	0,455	»	Longueur totale.
	Plaque de frottement.	»	1	1	»	»	0,490	»	Hauteur totale.
Sacoches (paire de)..............		»	1	1	»	»	0,850	»	Longueur totale.
Sangles en ficelle..............		»	1	1	1,400	1,300	1,200	1,100	Id.

C) HARNAIS.

DÉSIGNATION DES EFFETS.	NOMENCLATURE DES PIÈCES dont se compose chaque effet.	NOMBRE DE PIÈCES par effet.	DIMENSIONS DES PIÈCES AFFÉRENTES AUX EFFETS				OBSERVATIONS.
			de taille exceptionnelle.	de 1re taille.	de 2e taille.	de 3e taille.	
1	2	3	4	5	6	7	8
Avaloire...............	Boucleteaux, porte-traits......	2	»	»	0,485	»	Longueur totale.
	Branches d'avaloire..........	2	0,600	0,525	0,470	»	Id.
	Bras du bas............	1	1,290	1,240	1,190	»	Id.
	Bras du haut............	1	1,370	1,250	1,150	»	Id.
	Contre-sanglon de bras du haut............	1	0,350	0,350	0,300	»	Id.

DÉSIGNATION DES EFFETS.	NOMENCLATURE DES PIÈCES dont se compose chaque effet.	NOMBRE DE PIÈCES par effet.	DIMENSIONS DES PIÈCES AFFÉRENTES AUX EFFETS				OBSERVATIONS.
			de taille exceptionnelle.	de 1re taille.	de 2e taille.	de 3e taille.	
1	2	3	4	5	6	7	8
Billot	Enchapure, crochet et biquet..	1	»	»	0,087	»	Longueur totale de l'enchapure.
Bricole	Corps de bricole	1	1,650	1,500	1,350	»	Longueur totale du feutre.
Colleron	Corps de colleron	1	1,400	»	1,200	»	Longueur totale.
	Courroie d'agrafe	1	»	»	0,340	»	Id.
	Maille à piton	1	»	»	»	»	
Courroies { de croupière		1	0,940	»	0,850	»	Id.
de retraite		1	»	»	1,250	»	Id.
de réunion de la bricole à l'avaloire		1	»	»	2,400	»	Id.
trousse-traits		1	»	»	0,340	»	Id.
Croupière		1	»	»	»	»	
Dessus de cou		1	0,560	0,460	0,360	»	Longueur totale.
	Corps de dossière	1	»	»	1,750	»	Id.
	Courroie de dossière	1	»	»	1,280	»	Id.
Dossière avec sous-ventrière de harnais de limonière	Boucleteau de sous-ventrière	1	»	»	0,900	»	Id.
	Contre-sanglon de sous-ventrière	1	»	»	0,550	»	Id.
Plates-longes { de harnais mod. 1861.	Corps de plate-longe	1	3,700	3,500	3,300	3,100	Id.
	Crochet et anneau de plate-longe	1	»	»	»	»	
légère	Corps de plate-longe	1	3,700	3,500	3,300	3,100	Id.
	Crochet et anneau de plate-longe	1	»	»	»	»	
de harnais de limonière	Arçon ferré et garni	1	»	0,350	0,330	»	Écartement des pointes d'arcade de devant.
			»	0,380	0,360	»	Écartement des pointes d'arcade de derrière.

Sellettes	Arçon ferré et garni.........	1	»	»	0,325		Écartement des pointes d'arcade de devant.
			»	»	0,354	»	Écartement des pointes d'arcade de derrière.
de sous-verge complète...........	Boucleteau de sous-ventrière...	1	1,070	»	0,870	»	Longueur totale.
	Contre-sanglon de sous-ventrière...............	1	0,500	»	0,480	»	Id.
	Courroies de charge.........	2	»	»	0,900	»	Id.
	Lanières à deux pointes.......	4	»	»	0,400	»	Id.
	Panneaux...............	2	»	»	»	»	Les panneaux sont appropriés aux dimensions des sellettes.
	Poche à fers...............	1	0,645	»	0,585	»	Longueur totale.
Sous-ventrière avec porte-traits..	Boucleteau...............	1	»	»	0,650	»	Id.
	Contre-sanglon...............	1	0,350	»	0,320	»	Id.
	Porte-traits...............	2	0,700	0,600	0,500	»	Id.
Surdos de harnais d'attelage.....	Contre-sanglon double.......	1	1,380	»	1,240	»	Id.
	Boucleteaux...............	2	»	»	0,350	»	Id.
Traits complets...............	Trait modèle 1861 (en cuir)...	1	»	»	1,000	»	Longueur totale du cuir.
	Rallonge de trait modèle 1861.	1	»	»	1,460	»	Mesure prise de l'intérieur d'un pli à l'intérieur de l'autre.
	Chaîne de bout de trait modèle 1861...............	1	»	»	0,426	»	Longueur totale.

D) ACCESSOIRES DIVERS.

Bissac...............		1	»	»	1,310	»	Longueur totale.
Bridon d'abreuvoir...........	Frontal...............	1	»	»	0,435	»	Id.
	Montants { grand...........	1	»	»	0,740	»	Id.
	petit...........	1	»	»	0,540	»	Id.
	Mors...............	1	»	»	0,453	»	Distance d'axe en axe des trous des anneaux.
	Olives...............	2	»	»	0,075	»	Longueur totale.
	Rênes (paire de)...........	1	»	»	2,360	»	Id.

DÉSIGNATION DES EFFETS.	NOMENCLATURE DES PIÈCES dont se compose chaque effet.	NOMBRE DE PIÈCES par effet.	DIMENSIONS DES PIÈCES AFFÉRENTES AUX EFFETS				OBSERVATIONS.
			de taille exceptionnelle.	de 1re taille.	de 2e taille.	de 3e taille.	
1	2	3	4	5	6	7	8
Courroies pour l'allongement { des sangles de selle...	....	1	»	»	0,285	»	Longueur totale.
de la sous-ventrière de dossière....... de harnais de limonière...........	....	1	»	»	0,400	»	Id.
Couverture.....................	....	1	»	»	1,450	»	Longueur et largeur.
Etui porte-avoine...............	....	1	»	»	0,900	»	Longueur totale.
Fouet pour la conduite en guides. { Lanière.................	....	1	»	»	1,250	»	Id.
Manche.................	....	1	»	»	1,200	»	Id.
Guides de harnais de limonière.. { Corps de guide.........	....	1	»	»	8,000	»	Id.
Porte-guides...........	....	2	»	»	0,300	»	Id
Licol d'écurie modèle 1888...... { Alliance................	....	1	»	»	0,186	»	Id.
Dessus de nez..........	....	1	»	»	0,400	»	Id.
Dessus de tête. { Boucleteau...	....	1	»	»	0,075	»	Id.
{ Contre-sanglon....	....	1	»	»	0,620	»	Id.
Montants...............	....	2	»	»	0,220	»	Id.
Sous-barbe.............	....	1	»	»	0,320	»	Id.
Sous-gorge.............	....	1	»	»	0,370	»	Id.
Musette-mangeoire.............. { Corps de musette..........	....	1	»	»	0,430	»	Hauteur totale.
Corde de suspension.	....	1	»	»	1,300	»	Longueur totale.
Surfaix de couverture.......... { Sangle..................	....	1	1,800	»	1,550	»	Id.
Contre-sanglon.........	....	1	»	»	0,480	»	Id.

IIe PARTIE.

COMPOSITION DES HARNACHEMENTS COMPLETS DES CHEVAUX DU GÉNIE.

Tableau : **HARNACHEMENTS COMPLETS** — POUR VOITURES à 2 roues — POUR VOITURES A 4 ROUES (Harnachement complet d'attelage mle 1861 : de devant / de derrière).

DÉSIGNATION DES EFFETS.	DE CHEVAL DE SELLE.	attelées avec un seul cheval (harnais de limonière, modèle 1878).	Limonier.	2e cheval.	Porteur. (de devant)	Sous-verge. (de devant)	Porteur. (de derrière)	Sous-verge. (de derrière)
1	2	3	4	5	6	7	8	9
Garnitures de tête. — Brides — de porteur	1	»	»	»	1	»	1	»
de sous-verge avec longe bouclée modèle 1861	»	»	»	»	»	1	»	1
de harnais de limonière	»	1	1	1	»	»	»	»
Collier d'attache complet (1)	1	1	1	1	1	1	1	1
Panneaux de porteur et selles, garnis. — Selles — d'attelage	»	»	»	»	1	»	1	»
de cheval de selle	1	»	»	»	»	»	»	»
Harnais. — Avaloire	»	1	1	1	»	»	1	1
Bricole modèle 1861	»	1	1	1	1	1	1	1
Colleron	»	»	»	1	»	»	1 (1)	1
Courroies — de croupière	»	»	»	1	»	»	»	»
de retraite	»	2	2	»	»	»	»	»
de réunion de la bricole à l'avaloire	»	»	»	2	»	»	»	»
trousse-traits	»	1	1	1	1	1	1	1
Croupière	»	1	1	1	1	1	1	1
Dessus de cou	»	1	1	1	1	1	1	1
Dossière avec sous-ventrière de harnais de limonière	»	1	1	»	»	»	»	»
Plate-longe de harnais modèle 1861	»	»	»	»	»	»	1	1
Sellette — de harnais de limonière	»	1	1	»	»	»	»	»
de sous-verge, complète	»	»	»	»	»	1	»	1
Sous-ventrière avec porte-traits	»	1	1	1	1	1	1	1
Surdos — de harnais d'attelage	»	»	»	»	1	1	»	»
de harnais de conduite en guides	»	»	»	1	»	»	»	»
Traits modèle 1861	»	1	1	1	1	1	1	1
Accessoires divers. — Bissac	»	»	»	»	»	1	»	1
Bridon d'abreuvoir (1)	»	»	»	»	»	»	»	»
Couverture (1)	1	1	1	1	1	1	1	1
Etui porte-avoine	1	»	»	»	»	»	»	»
Fouet pour la conduite en guides	»	1	1 (col. 4-5 réunies)		»	»	»	»
Guides de main — pour la conduite en guides	»	»	1 (col. 4-5 réunies)		»	»	»	»
de harnais — de limonière	»	1	»	»	»	»	»	»
Licol d'écurie (1)	»	»	»	»	»	»	»	»
Musette-mangeoire (1)	1	1	1	1	1	1	1	1
Surfaix de couverture (1)	1	1	1	1	1	1	1	1

(1) Les harnachements complets d'attelage modèle 1861, de derrière, attribués aux caissons à mélinite, comportent seuls un colleron. Le bridon d'abreuvoir et le collier d'attache ne sont attribués qu'aux animaux qui ne doivent pas être harnachés ; ces animaux reçoivent en outre une couverture, un surfaix de couverture et une musette-mangeoire.

TABLEAU B.

Harnachement des animaux de bât.

Iʳᵉ PARTIE. — Composition des effets de harnachement et dimensions principales des pièces qui entrent dans la composition de ces effets.

DÉSIGNATION DES EFFETS.	NOMENCLATURE DES PIÈCES dont se compose chaque effet.	NOMBRE DE PIÈCES par effet.	DIMENSIONS DES PIÈCES afférentes aux effets				OBSERVATIONS.
			de taille exceptionnelle.	de 1ʳᵉ taille.	de 2ᵉ taille.	de 3ᵉ taille.	
1	2	3	4	5	6	7	8
Garnitures de tête. — Bridon à œillères	Montant de gauche.......	1	»	»	0,420 à 0,440	»	Longueur totale.
	Montant de droite.......	1	»	»	0,860 à 0,890	»	Id.
	Frontal sous-gorge.......	1	»	»	1 à 1,100		Id.
	Mors...........	1	»	»	0,130 à 0,140	»	Distance d'axe en axe des trous de passage des anneaux.
	Rêne...........	1	»	»	2,000	»	Longueur totale.
Collier d'attache	Collier...........	1	»	»	0,975	»	Id.
	Courroie de longe........	1	»	»	0,280	»	Id.
	Longe en chaîne étamée...	1	»	»	1,600	»	Id.
Bâts garnis. — Arçon ferré et garni..........		1	»	»	0,570	»	Écartement du bas des arcades { de devant.
			»	»	0,620	»	{ de derrière.
Panneaux (paires de)........................		1	»	»	»	»	Sont appropriés aux dimensions des bâts.
Lanières de panneaux.......................		16	»	»	0,750	»	Longueur totale.
Enchapures de dés de poitrail...............		2	»	»	0,450	»	Id.
Contre-sanglons d'avaloire..................		2	»	»	0,750	»	Id.
Bâches de bâts	Bâche............	1	»		2,540 / 1,975	»	Longueur et largeur.
	Cordes de bâche.........	2	»	»	2,300	»	Longueur totale.
	Lanières de bâche........	2	»	»	2,000	»	Id.

Désignation			Nbre					Observations
Accessoires divers pour bâts.								
Cordes	à bottillons		1	»	»	6,000	»	Id.
Cordes	de charge		1	»	»	6,800	»	Id.
Cordes	d'arcades		1	»	»	1,120	»	Id.
Courroies	de brêlage de caisses		1	»	»	0,940	»	Id.
Courroies	de chargement		1	»	»	1,250	»	Id.
Courroies	d'entre-toises de devant		1	»	»	1,450	»	Id.
Courroies	d'entre-toises de derrière		1	»	»	2,200	»	Id.
Courroies	de surcharge		1	»	»	1,320	»	Id.
Poches à fers			1	»	0,309	0,255	»	Largeur totale.
Sangle			1	»	0,650	0,550	0,450	Longueur totale.
Surfaix	de charge		1	»	»	1,100 à 1,200	»	Id.
Surfaix	de bât	Corps	1	»	»	2,000	»	Id.
Surfaix	de bât	Dés	2	»	»	0,060	»	Largeur maximum à l'intérieur.
Surfaix	de bât	Lanières d'enchapure de dés	2	»	»	0,650	»	Longueur totale.
Surfaix	de bât	Lanières de surfaix	2	»	»	1,600	»	Id.
Harnais de bât.								
Poitrail de bât de caisses	Corps		1	»	0,850	1,400	»	Id.
Poitrail de bât de caisses	Montants		2	»	»	0,380	»	Longr totale jusqu'à l'enchapure.
Avaloire ou fessière	Corps		1	»	»	1,100	»	Longueur totale.
Croupière	Culeron et fourche		1	»	»	0,590	»	Id.
Croupière	Branche de croupière		2	»	»	0,600	»	Id.
Croupière	Longe de croupière		1	»	»	0,800	»	Longueur jusqu'à la boucle.
Coussinet d'avaloire			1	»	»	0,250	»	Longueur maximum.
Coussinet d'avaloire						0,130	»	Largeur maximum.
Courroie dossière			1	»	»	2,250	»	Longueur totale.
Boîtes supports de limonière			2	»	»	0,234	»	Hauteur totale.
Courroies support de limonière	Courroie et longe		1	»	»	1,800	»	Longueur totale.
Courroies support de limonière	Chaînette		1	»	»	0,177	»	Id.
Courroies de retraite			2	»	»	1,250	»	Id.
Traits			2	»	»	4,000	»	Id.
Courroies porte-traits			2	»	»	0,250	»	Id.
Accessoires de harnachement de bât.								
Couverture, bleu foncé			1	»	»	1,450	»	Longueur et largeur.
Surfaix de couverture	Sangle		1	1,800	»	1,550	»	Longueur totale.
Surfaix de couverture	Contre-sanglon		1	»	»	0,480	»	Id.
Musette-mangeoire	Corps de musette		1	»	»	0,430	»	Hauteur totale.
Musette-mangeoire	Corde de suspension		1	»	»	1,380	»	Longueur totale.

IIe PARTIE.

COMPOSITION DES HARNACHEMENTS COMPLETS DES ANIMAUX DE BAT.

DÉSIGNATION DES EFFETS.	HARNACHE-MENT DES CHEVAUX ou mulets de bât de caisses.	OBSERVATIONS.
1	2	3
Garniture de tête. { Bridon à œillères............	1	
{ Collier d'attache............	1	
Bâts garnis....................	1	
Accessoires divers pour bâts. { Bâche de bât............	1	
{ Courroies de surcharge......	2	
{ Poche à fers............	1	
{ Sangle................	1	
{ Surfaix { de charge.........	1	
{ { de bât............	1	
Harnais de bâts. { Poitrail............	1	
{ Avaloire ou fessière........	1	
{ Croupière................	1	
Accessoires de harnache-ment de bât. { Couverture................	1	
{ Surfaix de couverture.......	1	
{ Musette-mangeoire.........	1	

ANNEXE N° 1.

Instruction sur l'emploi de la graisse dite Dubbing pour l'entretien du harnachement en magasin.

La graisse Dubbing est employée, à l'exclusion de toute autre composition, pour l'entretien du harnachement en cuir fauve en magasin (1).

COMPOSITION. — PRÉPARATION.

Le dubbing est composé de parties égales en poids d'huile de pied de bœuf et de suif de mouton.

Il convient de modifier ces proportions lorsqu'on emploie le dubbing pendant les grands froids ou pour des cuirs déjà bien nourris en suif. Dans ces deux cas, on pourra réduire à un tiers, au lieu de la moitié, la quantité de suif de mouton.

L'huile de pied de bœuf peut aussi être remplacée, dans la confection du dubbing, par l'huile de pied de cheval, plus ou moins additionnée d'huile de poisson.

Les produits dont on ne connaîtrait pas exactement la composition seront analysés.

Pour préparer le dubbing, faire fondre sur un feu doux un mélange de suif de mouton et d'huile de pied de bœuf, en évitant de pousser jusqu'à l'ébullition. Pendant l'opération, remuer sans cesse le mélange et le laisser ensuite refroidir.

Le dubbing peut être employé immédiatement.

En hiver et lorsqu'il est préparé depuis quelques jours, il est nécessaire de le faire tiédir, car il devient alors trop ferme. En été, la température maintient le dubbing dans un état presque liquide et très convenable pour son emploi.

Il convient de ne préparer le dubbing qu'au fur et à mesure des besoins. Cependant, on peut le conserver dans des récipients bien clos et placés dans des locaux frais.

MODE D'EMPLOI.

Brosser les cuirs et passer dessus une éponge légèrement imbibée d'eau. Les graisser ensuite sur la fleur et sur la chair avant qu'ils soient entièrement secs, en y appliquant le dubbing à l'aide d'une brosse molle.

Il n'est pas nécessaire de frotter les cuirs jusqu'à siccité après le graissage, car la légère couche de dubbing qui reste sur la fleur du cuir est absorbée en peu de temps et donne au cuir la nourriture qui lui est nécessaire. Un seul graissage, fait chaque année au printemps, suffit largement pour les harnais en magasin, lorsqu'ils sont en bon état.

---

(1) Elle sert également au graissage du harnachement en cuir noir.

ANNEXE Nº 2.

Note relative à l'emploi du pétrole pour la conservation des ferrures, des crampons à glace et des clous à ferrer de réserve.

L'huile de pétrole est employée, à l'exclusion de toute autre substance, pour la conservation des ferrures, des crampons à glace et des clous à ferrer de réserve en dépôt dans les magasins. (Note du 17 juillet 1894.)

Toutefois, les clous blancs, qui sont actuellement les seuls réglementaires, ayant très peu de tendance à l'oxydation, ne sont enduits de pétrole que s'ils sont placés dans des magasins dont la siccité est imparfaite, et si cette mesure est reconnue nécessaire à la suite des visites annuelles.

USAGE ET CONSERVATION DU PÉTROLE.

L'huile de pétrole, dont on ne devra faire que des approvisionnements absolument restreints, sera renfermée dans des bidons métalliques d'assez petites dimensions pour rester parfaitement maniables (5 kilogrammes de contenance maximum).

Les bidons seront placés dans un local dont la température ne peut, en aucune circonstance, dépasser 35° centigrades.

On fera de préférence usage de l'huile de pétrole de marques supérieures et, dans tous les cas, de pétrole n'émettant pas de vapeurs inflammables lorsque la température reste inférieure à 35 degrés.

Les corps et établissements pourront eux-mêmes vérifier de temps à autre la qualité de l'huile qu'ils achèteront au détail, en opérant de la manière suivante :

Un vase en métal, contenant du pétrole à éprouver, est placé dans un bain-marie chauffé très doucement; un thermomètre plonge dans le pétrole; quand il indique une température de 35° on cherche à enflammer les vapeurs qui se dégagent du pétrole au moyen d'une allumette; s'il n'y a pas d'explosion, le pétrole est convenable ; s'il y a explosion on laisse refroidir le tout et on recommence l'opération, en cherchant, à partir de 30° et de degré en degré, à quelle température se produit l'explosion. Il est nécessaire d'éviter toute agitation de l'air pendant ces opérations.

Dans le cas où les essais auraient donné des résultats défavorables, la fourniture sera rejetée.

MODE D'EMPLOI DU PÉTROLE.

Avant de passer au pétrole les fers, les crampons et les clous, il convient de les débarrasser complètement, s'il y a lieu, de toute trace de rouille.

Chaque collection de quatre fers formant la ferrure d'un cheval ou d'un mulet est alors réunie par un fil de fer recuit de 1^{mm} environ de diamètre.

Les ferrures, les crampons et les clous sont ensuite plongés pendant une ou deux minutes dans un bain de pétrole.

En sortant de ce bain, les ferrures, crampons et clous doivent être placés sur un égouttoir, de manière à recueillir l'excédent de pétrole, puis séchés, autant que possible, au grand air.

Il convient de choisir pour cette opération un temps très sec.

On devra prendre des précautions spéciales pour éviter d'enlever la couche mince de pétrole déposée à la surface des fers, etc. Il conviendra, à cet effet, pour toutes les opérations indiquées ci-dessus, et toutes les fois que l'on devra manipuler les objets dont il s'agit, soit pour les encaisser, soit pour les visites annuelles, de se servir de crochets et de petites pelles à main en métal, trempés fréquemment dans le pétrole, ou, plus simplement, d'avoir les mains imbibées de pétrole ou recouvertes de gants imprégnés de ce liquide.

RENOUVELLEMENT DES FERRURES.

Les fers, les crampons et les clous qui sont signalés à la suite des visites annuelles comme présentant des taches d'oxydation bien caractérisées, sont mis en service et remplacés comme il a été dit à l'article 18 de la présente instruction ; ceux qui ne présenteraient qu'un commencement d'oxydation superficielle ou une teinte rougeâtre produite par l'oxyde de fer efflorescent, et qui ne seraient pas jugés devoir être mis en service, subiront un nouveau traitement au pétrole comme il a été dit ci-dessus.

ANNEXE N° 3.

Note relative à un procédé de désinfection des salles de harnachement.

Les établissements du génie qui rencontrent des difficultés pour soustraire le harnachement à l'action destructive des mites, sont autorisés à soumettre ce harnachement et les salles qui le contiennent (1) à des fumigations à l'acide sulfureux, faites dans les conditions suivantes :

Les salles renfermant des couvertures et des panneaux seront soumises à des fumigations d'acide sulfureux produit par la combustion du sulfure de carbone au moyen du brûleur Ckiandi (2).

La première fumigation sera faite quelques jours avant le battage et le nettoyage des couvertures et des panneaux, puis renouvelée immédiatement après cette opération, lorsque ces effets auront été réintégrés dans les salles.

Le fonctionnement du brûleur Ckiandi est décrit dans la notice qui accompagne chaque appareil ; il peut brûler $3^k,700$ de sulfure de carbone, quantité suffisante pour désinfecter une salle de 150 mètres cubes environ. Le nombre d'appareils à employer pour chaque salle sera donc égal à la capacité de cette salle, divisée par 150.

Les salles seront désinfectées successivement, de manière à réduire le nombre des appareils qui seront nécessaires à chaque direction, école ou atelier de construction. Ces appareils pourront ensuite être mis à la disposition des annexes et des dépôts de matériel qui dépendent de ces établissements.

Tous les brûleurs seront allumés en même temps, après que tous les joints des fenêtres, des portes et ceux qui peuvent exister dans les parois des salles, auront été oblitérés avec beaucoup de soins. Cette mesure est indispensable pour assurer la réussite de l'opération.

La combustion devant durer de 16 à 18 heures, il conviendra d'allumer les brûleurs de très bonne heure, afin de pouvoir surveiller leur fonctionnement jusqu'à leur extinction.

Ils seront placés sur des caisses vides ayant au moins un mètre de hauteur, à une certaine distance des effets de harnachement, et répartis convenablement dans les salles. Les couvertures qui sont empilées ou encaissées seront, autant que possible, exposées

---

(1) Les chefs des établissements sont également autorisés à faire organiser une salle spéciale de désinfection qui permettrait de n'employer qu'un très petit nombre de brûleurs Ckiandi.

(2) Cet appareil se trouve chez M. Wiesnegg, constructeur, 64, rue Gay-Lussac, à Paris.

directement aux émanations sulfureuses, en tenant compte que les effets de l'acide sulfureux sont plus efficaces dans les couches inférieures des locaux que dans les couches supérieures.

Les salles seront ouvertes deux jours après l'extinction des brûleurs et leur accès ne sera autorisé que lorsque les vapeurs se seront complètement dissipées.

Les couvertures et les panneaux seront alors nettoyés d'après les procédés en usage dans l'établissement. Après leur réintégration dans les salles, il sera fait une deuxième fumigation suivant les indications qui précèdent.

ANNEXE N° 4.

Note relative à l'emploi de l'huile lourde pour assurer la conservation des rallonges de trait et des traits de poitrail.

Les essais sur l'emploi de l'huile lourde ont démontré, d'une part, que les rallonges de trait imprégnées de cette substance ne présentaient aucun inconvénient dans le service et, d'autre part, que ces cordages conservaient en grande partie leur résistance primitive, alors que ceux qui n'ont pas été imprégnés perdaient rapidement la leur. De ces constatations, il résulte qu'il y a avantage et économie à ne plus employer, pour la fabrication des rallonges de traits et des traits de poitrail, que des cordages imprégnés d'huile lourde.

En conséquence, ces cordages seront fabriqués à l'avenir avec des fils imprégnés de cette substance.

Les cordages existants, neufs ou en bon état de service, recevront l'enduit protecteur que l'on applique de la manière suivante :

« Tremper les cordages dans l'huile lourde en les laissant immergés durant quatre heures ; les faire sécher à l'air. »

Pour activer le séchage, on pourra mélanger à l'huile lourde 1/5e de son poids d'huile de lin cuite (1).

Ceux de ces cordages qui sont en service dans les corps de troupe seront entretenus, en dehors des lavages habituels, en renouvelant chaque année, pendant les mois de novembre et de décembre, l'enduit protecteur.

Si l'on a été amené, à la suite de dégradations, à pratiquer de nouvelles épissures, les parties ainsi réparées seront à nouveau imprégnées d'huile lourde.

Lorsque les cordages, par suite d'un long service, présenteront en une quelconque de leurs parties, moins de 9 millimètres de diamètre, ils seront considérés comme usés et remplacés par des cordages neufs.

On ne tolérera dans le harnachement de guerre que des traits ou rallonges de trait présentant au moins 10 millimètres de diamètre.

---

(1) Dans ces conditions, le séchage peut, pendant l'hiver, s'opérer en quarante-huit heures. Il faut 90 grammes d'huile lourde pour imprégner une rallonge de trait ; la dépense peut être évaluée à 0 fr. 05, main-d'œuvre comprise.

ANNEXE N° 5.

Notice au sujet de l'entretien des harnachements spéciaux d'officier.

(Décision ministérielle n° 18327, du 9 septembre 1898.)

Conservation des selles d'officier.

Les selles doivent être visitées avec un soin minutieux, au moins deux fois par an, en mars et en septembre ; elles le sont plus fréquemment toutes les fois que l'apparition des mites indique une nouvelle génération d'insectes.

En été, les panneaux des selles doivent être battus une fois par mois ; en hiver ils le seront tous les deux mois. Si des panneaux contenaient des larves, ces dernières seraient facilement détruites en exposant les panneaux au soleil pendant les fortes chaleurs de l'été.

Les selles qui présenteraient des piqûres d'insectes seront mises à part, battues toutes les semaines, et les panneaux seront aspergés d'essence de térébenthine dans laquelle on aura fait dissoudre de la naphtaline.

Pour détruire complètement les insectes et purger les panneaux qui en seraient par trop infestés, il convient de vider les panneaux, faire tremper la laine dix minutes environ dans l'eau bouillante, la faire sécher et la nettoyer en la remaniant.

Le molleton des panneaux est lavé et aspergé d'essence de térébenthine ; on remonte ensuite les panneaux en ajoutant une certaine quantité de laine neuve pour parer aux déchets.

Un moyen très efficace de désinfection pour le harnachement et les selles qui contiennent des mites et papillons consiste à les soumettre à des fumigations d'acide sulfureux produit par la combustion du sulfure de carbone au moyen du brûleur Ckiandi, conformément aux prescriptions de la note du 4 janvier 1887 ; un brûleur Ckiandi suffit pour une salle d'une contenance de 150 mètres cubes.

Toutefois, l'emploi du sulfure de carbone comme agent direct de destruction des insectes est interdit, parce que la présence de cette substance dans les magasins constitue un danger permanent d'incendie et aussi parce que sa vapeur exerce une action nuisible sur la santé des hommes.

Il est interdit également de produire l'acide sulfureux par la combustion directe du soufre dans un récipient quelconque.

TABLE DES MATIÈRES

TITRE PREMIER.

COMPOSITION ET CLASSIFICATION DU HARNACHEMENT.

TITRE II.

SERVICE DANS LES ÉTABLISSEMENTS.

CHAPITRE Ier.

DISPOSITIONS GÉNÉRALES.

CHAPITRE II.

CONSERVATION DU HARNACHEMENT DE LA RÉSERVE DE GUERRE.

CHAPITRE III.

DISPOSITIONS PARTICULIÈRES CONCERNANT LE HARNACHEMENT DISPONIBLE.

TITRE III.

DISPOSITIONS PARTICULIÈRES CONCERNANT LA DÉLIVRANCE DU HARNACHEMENT AUX CORPS DE TROUPE.

TITRE IV.

DISPOSITIONS GÉNÉRALES.

TABLEAUX.

ANNEXES.